Shôdô Harada

Zazen

Aber wie?

Übersetzt von Ladislav Shinden Drezdowicz

Angkor Verlag

Bibliografische Information der Deutschen Bibliothek: Die Deutsche Bibliothek verzeichnet diese Publikation in der Deutschen Nationalbibliografie; detaillierte bibliografische Daten sind im Internet über http://dnb.ddb.de abrufbar.

Zazen. Aber wie?/Harada, Shôdô. Deutsch von Ladislav Shinden Drezdowicz. – Frankfurt: Angkor Verlag 2019.

Mit freundlicher Genehmigung von: Institute for Zen Studies, Hanazono Univ., 8-1 Tsubonouchi-cho, Nishinokyo, Nakagyo-ku, Kyoto Japan

Im Text wurde weitgehend auf diakritische Zeichen verzichtet.

Die Herausgabe wurde initiiert vom Hokuozan Sogenji
Email: hokuozan.sogenji@gmail.com Website: www.Onedropzen.org

Coverabbildung: Zen/Shôdô Harada
Fotos innen und Coverrückseite:
Roland Jigen Schmid (www.schmidroland.ch)
Website des Verlages: www.angkor-verlag.de
Printed in Germany

ISBN: 978-3-943839-45-6

Inhalt

HARADA ROSHI: KURZE BIOGRAPHIE

Harada Seicho wurde am 26. August 1940 in Nara, Japan, als Sohn eines Tempelpriesters und dessen Frau geboren. Er war ihr drittes Kind und ihr zweiter Sohn; drei jüngere Geschwister, alles Mädchen, folgten und machten die warmherzige und liebende Familie komplett. Seine Kindheit verlief im normalen Rahmen, er kümmerte sich um seine jüngeren Schwestern und spielte ihnen auch so manchen Streich. Besonders kreativ war er im Ersinnen von Möglichkeiten, wie er gratis ins Kino kommen konnte; seine Leidenschaft waren Abenteuerfilme. Der Tempel hatte wenige Mittel und die Zeiten waren schwer. Es gab kaum Geld für solche Extravaganzen.

Auch wenn sein Vater ein Zen-Priester war und er in einem buddhistischen Tempel aufwuchs, war der junge Seicho nicht daran interessiert, einmal ein buddhistischer Priester zu werden. Als Kind begeisterten ihn Raketen und er wollte Pilot werden. In den Teenagerjahren dachte er an eine Karriere als Psychologe, weil er schon zu jener Zeit ein starkes Interesse an der Natur des menschlichen Geistes spürte.

Diese Absicht wurde aber schnell über den Haufen geworfen, als ihn eines Tages sein Vater bat, etwas im Myoshin-ji, dem Hauptkloster seiner Familie, abzuliefern. Er erzählt:

Es war noch früh morgens und die Busse waren vollgestopft. Ich musste mich durch die Menge zwängen, um zuerst in den Bus und dann noch den ganzen Weg nach hinten zu gelangen. Dabei bemerkte ich jemanden, der mir ganz außerordentlich erschien. Er strahlte eine mysteriöse Präsenz aus, etwas Luminoses umhüllte ihn. Da saß ein alter Priester mit Brille, der ein Buch las, umhüllt von seltsam glühendem Licht. Im Gegensatz zu ihm schienen die Leute um ihn herum von ihren Gedanken und Sorgen wie beschwert zu sein. Ich stand da, ein Junge, der keine Zuneigung zum Buddhismus hatte und nur durch die äußeren Umstände in einem Tempel lebte, und war auf einmal, im Angesicht des weise aussehenden Mannes, tief bewegt. Still und vertieft saß er da, umhüllt von der Leuchtkraft seines Geistes. Warum war er so anders als die anderen im Bus? Ich war noch nie einem solchen Menschen begegnet, und ich konnte mir nicht vorstellen, was es war, das ihn so anders machte. Ich war in einem religiösen Sinn erzogen worden, hatte aber nie an eine Priesterkarriere gedacht, da ich der Überzeugung war, dass der Tempel und das Priesteramt mir wenig Interessantes bieten würden. Und nun plötzlich erscheint dieser mysteriöse Mensch, und er ist ein Priester. Warum hatte er diesen Weg als seine Berufung gewählt?

Der Mann, seine Erscheinung und die daraus resultierende Frage beschäftigten mich so stark, dass ich ihm folgte, als er aus dem Bus ausgestiegen war. Es zeigte sich, dass der Mann niemand anderer war als Yamada Mumon, auf dem Weg zum Reiun-in, einem kleinen buddhistischen Tempel im Myoshin-ji-Komplex. Ich folgte ihm bis zum Tor und sah ihn hineingehen.

Yamada Mumon Roshi war ein Zen-Meister der Tenryū-ji Linie und Abt des Shofuku-ji Klosters in Kobe. Er war auch Abt des Reiun-ji, eines Subtempels des Myoshin-ji, und Präsident der Hanazono Universität, der buddhistischen Rinzai-Universität, die der junge Harada bald besuchen sollte.

Es war diese Begegnung, die mir klar machte, wie beschränkt mein Verständnis vom Buddhismus war. Ich begriff, dass sich hinter dem Aspekt der Religion etwas versteckte, von dem ich kaum etwas ahnte. Ich hatte der buddhistischen Lehre den Rücken gekehrt, obwohl ich in einem Tempel aufgewachsen war. Ich wäre wohl nie Mönch geworden, wenn ich Mumon Roshi nicht begegnet wäre. Dank dieser Begegnung sah ich zum ersten Mal, wie sich die innere Qualität eines Menschen manifestieren kann, und so entstand in mir der Wunsch, darüber mehr in Erfahrung zu bringen.

Während der junge Harada die Hanazono Universität besuchte, starb sein Vater, und der ältere Bruder übernahm den Familientempel in Nara. Das war eine Befreiung für Harada, denn er konnte jetzt seinen Lebensweg selbst bestimmen. Nachdem er das Universitätsstudium abgeschlossen hatte, machte er sich – zu Fuß über

Berge und durch Wälder – auf den Weg zum Kloster Shofuku-ji in Kobe und wurde Mönch unter der Leitung von Mumon Roshi. Er bekam den Namen Shodo („der Wahre Weg“).

Hart übte er im Shofuku-ji und nahm an unzähligen wochenlangen *Sesshins* teil. Dennoch spürte er eines Tages eine tiefe Unzufriedenheit: Trotz seiner äußersten Bemühungen erfuhr er immer noch kein *Kensho*; dies blieb zwei weitere Jahre so. Schließlich suchte er Mumon Roshi auf und bat ihn um Erlaubnis, das Kloster zu verlassen. Er wolle in die Berge gehen und so lange praktizieren, bis er die Erleuchtung erfahren habe, sagte er. Anfangs sagte Mumon Roshi nichts, dann aber fragte er: „Was wird geschehen, wenn du kein *Kensho* realisierst?“ – „Ich komme nicht zurück, ehe es soweit ist“, war seine entschlossene Antwort, und Mumon gab ihm die Erlaubnis.

Er schlug sein Zelt zwischen Hiroshima und der Präfektur Shimane auf und meditierte lange und intensiv, entschlossen, den Durchbruch zu schaffen. Wie viel Zeit verging, dessen war er sich nicht bewusst. Dann, an einem Sonntag, kamen Wanderer vorbei und stellten ihm ein paar Fragen.

Als er ihnen bestätigte, dass er ein buddhistischer Mönch sei, sagten sie: „Hast du ein Glück, dass du ganze Tage, ganze Wochen üben kannst. Wir müssen arbeiten und haben nur diesen einen Tag, um hier in die Berge zu kommen und Buddhas Namen zu rezitieren.“

Auf einmal war es, wie wenn eine schwere Last von mir weggefallen wäre, wie wenn mich jemand auf den Rücken schlug, und alles in mir erleuchtete sich. Auf der Stelle begriff ich den Fehler, den ich gemacht hatte, und ging sofort zurück ins Kloster. An jenem Tag in den Bergen realisierte ich, dass es keinen Grund gibt, sich wegen des kleinen Egos Sorgen zu machen. Ich hatte mich beinahe bis zur Selbstzerstörung geplagt und mich nur mit dem Problem der Erleuchtung beschäftigt, als ich plötzlich erkannte, dass sie in jedem einzelnen Tag, den wir leben, zu finden ist. Alles bekomme ich, auch wenn ich nichts tue, wenn ich nur meine Sorgen und meine kleinen Probleme hinter mir lasse. Nicht länger mit meinem kleinen Selbst allein und von allen täglichen Sorgen befreit in den

Bergen isoliert zu leben, sondern hinauszugehen und das anzunehmen, was mir jeder Tag bringt – das sollte meine Übung sein! Dies war die Erkenntnis aus meiner Erleuchtung. Seit diesem Wendepunkt hat sich mein Leben ganz verändert. Ich weiß, dass es kein Problem mehr für mich gibt, denn es ist keiner da, der ein Problem hätte.

Als ich von dem Berg zurückkam, wusste ich, dass es meine Aufgabe war, diese kristallklare Erfahrung auch anderen Leuten weiterzugeben. Das war es auch, was ich schon immer hatte machen wollen, doch von meinem kleinen Ego und meiner beschränkten Sichtweise war ich daran gehindert worden. Ich war nur wegen meiner eigenen Erleuchtung in die Berge gegangen, nur dem Wunsch meines Egos folgend. Und so geschah es, dass ich auf diesem Weg für das höhere Ziel erweckt wurde, für die Aufgabe, die das größere Selbst in der Welt zu erfüllen hat.

Danach war mein Zazen ganz anders. Die Schwere meines Egos von früher war weg. Ich fühlte, dass ich von einer anderen, höheren Energie getragen wurde. Zum ersten Mal bewegten sich meine Augen während des Zazen nicht mehr; sie waren auf eine Stelle auf dem Boden vor mir fixiert. Auch während des Kinhin, der Meditation im Gehen, schweifte der Blick nicht ab, sondern blieb dort, wo ich ihn fixierte. Das dauerte einige Tage, dann war ich in der Lage, die mir auferlegten Koans viel schneller beantworten zu können. Das, was mich früher behinderte, war nicht mehr da.

Ich konnte leicht verstehen, was mein Lehrer sagte. Das Lösen der Koans und die Worte des Meisters schienen mir ganz offensichtlich zu sein und ich konnte ihre Bedeutung schnell erfassen. Mein Sitzen war unbeschwert und energiegeladen; ich spürte keine Schwere mehr. Das Erlebnis aus den Bergen hatte mein Leben völlig umgestoßen.

Harada Shodo praktizierte zwanzig Jahre im Shofuku-ji. Eines Tages ließ der altgewordene Abt vom Sogen-ji Mumon Roshi zu sich kommen und bat ihn um die Bestimmung des Nachfolgers für sein Kloster. Mumon Roshi bestimmte Harada Shodo, und 1983, nach dem Empfang der *Inka* (Lehrberechtigung), kam Shodo Harada in den Sogen-ji, um dort zu lehren. Einige Jahre danach reiste er in die USA, um dort sein erstes *Sesshin* zu leiten. Das war 1989, und seine Zen-Schüler gründeten anschließend das Tahoma Sogen-ji Zen-Kloster auf der Insel Whidbey, Washington. Danach folgten Reisen nach Europa, wo sich später seine Schüler um die Hokuozan Sogen-ji-Sangha zu gruppieren begannen. Auch nach Indien reist er jedes Jahr, wo er *Sesshins* leitet, die von seinem indischen Schüler Bodhidamma organisiert werden. Seitdem sind überall auf der Welt Zen-Gruppen mit seinen Schülern entstanden. Getreu dem Titel Zen-Meister tut er dies alles zusätzlich zu seinem vollen Unterrichtsprogramm im Sogen-ji. Am wichtigsten ist ihm, dass der Buddha-Dharma in seiner profundesten Form geübt und verbreitet wird. Darum beinhaltet dieses Büchlein Anweisungen für das richtige Üben der Zen-Meditation und ist sowohl für Anfänger wie auch für Fortgeschrittene bestimmt.

ZAZEN – ABER WIE?

Woran man heute glauben sollte, ist nicht einfach zu beantworten. In der Vergangenheit vertrauten sich Leute Gott an, aber wie viele von uns wissen heute noch, wie man in die Tiefe des Gebets eintreten soll, in der wir wahren Glauben und tiefes Vertrauen erleben können. Auch wenn die meisten Menschen der Wissenschaft Vertrauen schenken, spüren sie die Trennung zwischen der äußeren Welt und der Welt der Religion. Religion setzt etwas voraus, das für unsere Sinne nicht messbar ist, etwas, das einem Ideal oder einem Glauben gleichkommt. Wissenschaft dagegen setzt nur auf Dinge, die man messen und folglich auch beweisen kann. Der Unterschied zwischen diesen zwei Weltansichten beinhaltet ein großes Konfliktpotenzial.

Wir alle haben unterschiedliche Veranlagungen, haben verschiedene Hoffnungen, Pläne und unterschiedliche Fähigkeiten. Auch wenn diese Dinge nicht messbar sind, sind sie doch ganz real und machen uns zu unterschiedlichen Individuen. Durch Zazen bekommen wir die Gelegenheit, zu unserer wahren Essenz zu gelangen, die Möglichkeit, das zu werden, was wir wirklich sind. Die Heimkehr zu diesem ruhigen Pol in uns, das Ablegen aller äußeren Ablenkungen, die Rückkehr zu unserem ursprünglichen inneren Ort – das ist Zazen. Dabei ist es sehr wichtig zu wissen, dass mit dem Üben von Zazen nicht ein Gleichsein mit den anderen angestrebt wird. Ganz im Gegenteil, Zazen ermöglicht jedem einzelnen von uns, das zu sein, was er oder sie in Wahrheit ist.

Da wir im Zazen unser eigenes Selbst der Prüfung unterziehen, ist es unsere erste Aufgabe, den Körper korrekt auszurichten. Nur so erlangen wir eine ausgeglichene und stabile Körperhaltung. Wenn unsere Körperhaltung ausgewogen ist, können wir uns besser versenken und auch unseren Atem, der alles in uns verbindet, ausrichten. Dann kommt der nächste Schritt, die Ausrichtung des Geistes.

In unserem Alltag benutzen wir den Körper entsprechend den Situationen und Aufgaben, die zu erledigen sind. Während wir dies tun, verlieren wir den Kontakt mit unserem physischen Zentrum. Je mehr wir den Kopf im Alltag gebrauchen, je mehr wir denken und unser Gehirn für die Aufgaben in Anspruch nehmen, desto wahrscheinlicher ist es, dass unsere *Ki*-Energie in den Kopf aufsteigt. Darüberhinaus stecken in uns verschiedene tief verwurzelte Gewohnheiten und Ideen, die, solange wir nicht zentriert und ausgewogen sind, uns den Alltag schwer machen.

Im Zazen sitzen wir still und schauen nach innen. Statt unser Bewusstsein nach außen zu richten und unseren Körper in Aktivitäten zu engagieren, sitzen wir still und schauen nach innen, auf unser wahres Wesen. Hierfür ist die körperliche Ausrichtung sehr wichtig.

Bei den anderen können wir leicht beobachten, ob ihre Körperhaltung beim Sitzen stimmt, aber um es bei uns zu erkennen, braucht es ein gutes Einfühlvermögen, das uns spüren lässt, ob wir zentriert und ausbalanciert und von der Schwere befreit sind. Das ist der wichtigste Aspekt der körperlichen Haltung im Zazen.

Betrachten wir mal den menschlichen Körper als zwei getrennte Hälften: eine von der Taille nach oben, die andere von der Taille nach unten. Im oberen Teil des Körpers sind unsere Sinne und unser Denkvermögen untergebracht; hier findet die Wahrnehmung der Dinge statt. Die untere Hälfte, die Hälfte von der Taille nach unten, ist das Zentrum unserer Lebensenergie. Die Wesensart der unteren Hälfte ist unsere Energie, unsere Dynamik.

Es gibt eine alte Geschichte über einen reichen Mann, der sich ein dreistöckiges Haus wünschte, damit er höher als alle seine Nachbarn residieren konnte. Die Zimmerleute begannen, das Haus von unten aus aufzubauen. Als der alte Mann dies sah, wurde er wütend und schnauzte sie an: „Ich sagte, ich wollte ein dreistöckiges Haus, folglich brauche ich nichts anderes als den dritten Stock. Warum sollte ich mein Geld für die unteren Etagen ausgeben?“

Wir lachen über diese Geschichte, aber wenn wir sie näher betrachten, merken wir, dass sie etwas über uns sagt. Wir wünschen uns Weisheit und klare Sicht, dabei vergessen wir aber leicht das Fundament, das dazu notwendig ist: die Ausrichtung unseres Körpers, die uns hilft, die Ziele zu realisieren. Der Körper ist etwas, mit dem wir häufig nichts zu tun haben wollen. Damit aber unser Gehirn, unsere Sinne, unsere Gedanken und unsere Wahrnehmung richtig funktionieren, muss das Zentrum unserer Lebensenergie vollkommen ausgewogen sein. Da dabei die körperliche Haltung äußerst wichtig ist, muss jede Erklärung und Beschreibung des Zazen mit diesem physischen Aspekt beginnen.

Wenn wir mit gekreuzten Beinen auf dem Boden sitzen, muss unser Becken nach vorne gekippt sein. Das ist sehr wichtig. Wenn das nicht der Fall ist, sackt unser Rücken schnell zusammen, der Kopf kippt nach vorne, der Rücken und der Hals werden belastet. Wenn das Becken und somit auch der untere Teil des Rückens nach vorne gedrückt werden, wird der Kopf auf dem Hals gut ausgewogen sitzen und sich nicht schwer anfühlen.

Unser Blick senkt sich, die Augen bleiben geöffnet. Es mag einfacher erscheinen, sich mit geschlossenen Augen zu konzentrieren, aber geschlossene Augen bringen Schläfrigkeit und Zerstreuung mit sich. Wenn wir den Blick leicht nach unten richten, müssen wir Acht geben, dass sich das Kinn nicht senkt und dass der Kopf gut zentriert und gerade auf dem Hals ruht.

Sehr wichtig dabei ist, dass wir jegliche Anspannung im oberen Teil des Körpers loslassen. Um dies zu erreichen, müssen wir die Zentrierung in der unteren Hälfte des Körpers spüren. Am einfachsten wird diese Stellung erreicht, wenn wir im Voll- oder im Halb-Lotussitz sitzen. Diese beiden Körperstellungen sind aber nicht die einzig möglichen. Auch wenn man auf dem Stuhl sitzt oder wenn man steht, kann man den Schwerpunkt in die untere Körpermitte lenken und ihn dort halten. Leute, die sogar mit dem Stehen oder mit dem Sitzen auf dem Stuhl Mühe haben, können Zazen auch im Liegen üben. Wenn man liegt oder auf dem Boden steht, sollte man die Füße schulterbreit auseinander halten. Die Arme liegen locker bei den Hüften, die Beine leicht auseinander. Beim Sitzen sollte man nicht angelehnt sein, man muss die Wirbelsäule gerade halten und die Kraft für die Haltung aus der Körpermitte schöpfen, nicht von der Stuhllehne.

Auch wenn es nicht unbedingt notwendig ist, ist der Voll-Lotussitz die beste Stellung für eine stabile Haltung während langer Perioden des Sitzens. Um ausgewogen zu sitzen ist es von Vorteil, beide Füße auf die Oberschenkel zu legen. Die Fußsohlen sollten dabei nach oben zeigen. Normalerweise sind, wenn wir laufen oder sitzen, unsere Fußsohlen nach unten gerichtet und berühren den Boden. Um aber die Fülle des Universums zu spüren, ist es wichtig, die Füße dem Himmel zuzuwenden. Wenn unsere Füße richtig positioniert sind, können wir spüren, wie der Fluss der *Ki*-Energie durch sie strömt. Wenn sie nicht ganz richtig auf den Schenkeln liegen, wird der Energiefluss unterbrochen. Um dem Energiefluss auch außerhalb des Zazen nachzuhelfen, empfiehlt es sich, möglichst viel barfuß zu laufen, da der direkte Kontakt mit dem Boden die *Ki*-Energie fördert.

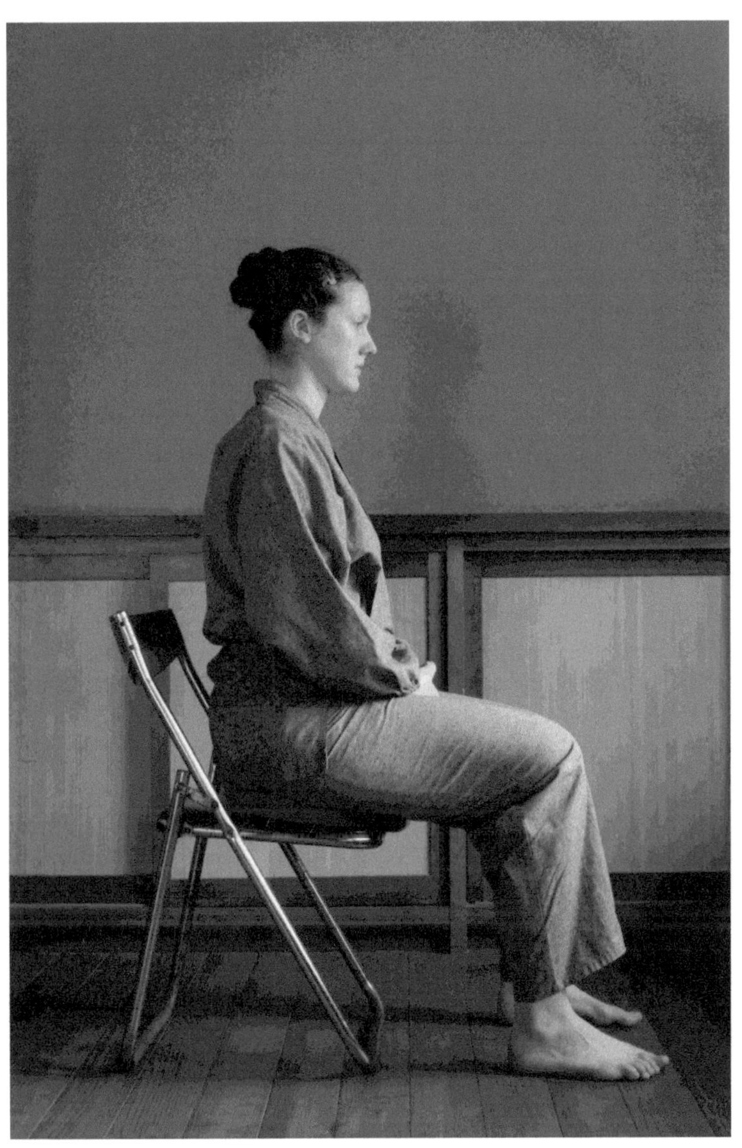

Wenn ich in der Voll-Lotusstellung sitze, benutze ich ein niedriges Kissen (*Zafu*). Nach dem Hinsetzen kippe ich das Becken nach vorne, der Rücken richtet sich auf. Der Schwerpunkt des Körpers verlagert sich in den Unterbauch zwischen den Beinen. Wenn ich das Becken nicht nach vorne kippe, ist es schwierig, die Beine in den Voll-Lotussitz zu bekommen. Will man den Halb-Lotussitz einnehmen, ist es von Vorteil, ein etwas höheres Kissen zu benutzen. Dann muss, wie beim Voll-Lotussitz, der untere Teil der Wirbelsäule richtig positioniert werden. Auch hier kippt man wieder das Becken nach vorne und richtet die Wirbelsäule auf.

Ein weiterer wichtiger Punkt ist, den analen Schließmuskel leicht anzuspannen, so dass sich der Bereich des Steißbeins straff anfühlt. Das ist wichtig, damit dem ganzen Körper das richtige Gefühl der Straffheit verliehen wird. Wenn der Körper die richtige Haltung eingenommen hat, fühlt man in ihm eine gewisse Straffheit, ist aber dennoch ganz entspannt.

Den Rücken muss man immer gerade halten. Wir alle haben verschiedene Haltungsgewohnheiten, aber ein Sitzen mit eingesacktem Rücken kann die *Ki*-Energie nie richtig zum Fließen bringen. Es wird deutlich spürbar, wenn man für längere Zeit sitzt und den Schmerz bemerkt. Wenn man Schmerzen im unteren Teil des Rückens spürt, deutet dies darauf hin, dass dieser Teil des Rückens eingesackt ist. Wenn die Schultern verspannt sind, neigt sich der Hals und der Kopf nach vorne. Wenn man im oberen Teil des Rückens, direkt hinter den Lungen, Schmerz verspürt, heißt es, dass die *Ki*-Energie hier stockt und das Sitzen nicht lebhaft genug vonstatten geht. Um die Energie lebhaft einzusetzen, muss die Haltung gut gefestigt sein und die Übung von Klarheit begleitet werden.

Eine besondere Methode, die ich oft anwende, um dies zu erreichen, ist, dass ich zuerst die Haltung einnehme, die ich vorhin beschrieben habe. Dann richte ich meine Aufmerksamkeit auf den Energiefluss, der vom Steißbein hinauf zu der Spitze des Schädels fließt. Dies stimuliere ich mit *Ki*, was zur Folge hat, dass der Energiefluss zunimmt. Das Wissen darüber bedeutet aber nicht unbedingt, dass man es sofort in die Praxis umsetzen kann. Man muss nur den Weg beschreiten und lernen, dies richtig anzuwenden. Mit der Zeit wird es uns bestimmt gelingen.

Der menschliche Körper ist die Verbindung zwischen der *Ki*-Energie der Erde und der *Ki*-Energie des Himmels, und wir sollten möglichst häufig die *Ki*-Energie des Himmels benutzen. Richte deine Wirbelsäule auf und stell dir bildlich vor, wie eine Energiewelle deine Wirbelsäule hinaufsteigt und einen Wirbel nach dem anderen aufrichtet. Es ist nicht nötig, die Wirbelsäule der ganzen Länge nach aufzurichten; man muss nur beginnen, und die Energie wird von sich aus die Aufgabe erledigen. Wenn man richtig übt, wird man es schnell und leicht durchführen können.

Wenn wir gerade sitzen, bekommen wir das Gefühl, dass etwas unsere Wirbelsäule in den Himmel zieht. Dann geschieht etwas Seltsames: Wie von selbst wird sich dein Rücken aufrichten und die Spannung in den Schultern und im Hals wie auch der Schmerz im Rücken gleichzeitig nachlassen. Denn die Verspannung ist die Folge der Stauung der *Ki*-Energie in unserem Körper. Erst wenn der Rücken gerade ist und sich aufwärts streckt, beginnt die stagnierende *Ki*-Energie frei zu fließen und lässt den Körper sich entspannen.

Es passiert manchmal, dass wir uns während des Sitzens nach links oder nach rechts neigen, ohne dass wir uns dessen bewusst sind. Sitzen wir aber richtig, dann spüren wir die Kraft, die uns an der Wirbelsäule hinaufzieht, und das Problem der Neigung verschwindet von selbst.

Aus diesem Grund beginne ich eine Zazen-Periode immer so, dass ich zuerst meine Aufmerksamkeit auf den Rücken lenke. Obwohl ich mich dabei nie gewogen habe, habe ich immer das Gefühl, dass ich leichter werde. Ich habe festgestellt, wenn ich den Rücken wiederholt strecke, verschwinden auch die Schmerzen in den Beinen.

Wenn die Energie in unserem Körper stockt, kann man annehmen, dass dies auch unseren Geist beeinträchtigt. Viel von unserem belanglosen Denken ist auf diesen Energiestau zurückzuführen. Es passiert immer dann, wenn der obere Körperteil verspannt ist. Ist man aber im unteren Körperbereich zentriert und der Rücken gestreckt, kann die Energie frei fließen und der Körper fühlt sich locker und entspannt an. Wird man den Stau und die Spannung los, kann man feststellen, dass auch der Geist die Blockaden verliert und freier und fluider wird.

Wenn unser Körper korrekt ausgerichtet ist, können wir unsere Aufmerksamkeit dem Atem widmen. Atmen ist etwas, das wir immer tun. Wenn wir damit nur für ein paar Minuten aufhören, sterben wir. Während des Zazen muss unsere Atmung weit und entspannt sein. Wir streben die Verlängerung des Ausatmens an, ohne dabei eine Anspannung im Zwerchfell entstehen zu lassen und ohne die Atmung auf den Brustkorb zu beschränken.

Wie bringen wir diese tiefe und weite Atmung zustande? Als erstes sollten wir lockere Kleidung tragen, die den Körper und den Atem in keiner Weise einengt. Als nächstes atmen wir voll aus, bis der Bauch flach wird. Am Anfang kann man die Hand auf den Bauch legen, um die Wirkung besser zu beobachten. Dies ist jedoch nicht unbedingt notwendig, da der Bauch beim vollen Ausatmen ganz natürlich flach wird. Ganz am Schluss des Ausatmens gibt man noch zusätzlich zwei kleine Atemstöße hinzu. Dies ganz ohne Forcierung, zwei sanfte Stöße, damit die ganze Luft rauskommt. Um die Einatmung muss man sich nicht kümmern; die folgt automatisch, weil der Körper Sauerstoff braucht.

Wenn wir atmen, verbinden wir die Luft von außen mit der Luft in unserem Körper; es ist die gleiche Luft, die herein und hinaus bewegt wird. Wenn wir allmählich mit der Atmung vertrauter werden, wird die Verbindung zwischen der Außen- und der Innenluft nicht nur eine mentale Vorstellung sein; wir werden direkt erfahren, wie uns das Leben geschenkt wird. Um so zu atmen, müssen wir entspannt sein, das Zwerchfell, den Brustkorb und den Hals öffnen. Atme, wie wenn dein Körper ein Rohr wäre. Öffne deinen Mund zuerst – dies lockert die Halsmuskeln. Öffne dann bewusst den Bereich der Brust, den Bereich des Zwerchfells und den Bauchbereich. Du wirst die Verbindung zwischen der Luft in deinem Körper, der Luft um dich und der Luft in der ganzen Welt spüren. Dein Körper ist dann wahrlich wie ein Rohr.

Es mag hilfreich sein, während der ersten Atemzüge den Mund zu öffnen, nachher soll er aber geschlossen sein. Naturgemäß atmen wir durch die Nase, weil die Nase die Luft befeuchtet und die Unreinheiten herausfiltert.

Die volle Ausatmung sollte ohne Forcierung vor sich gehen; der Atem strömt ganz ohne Zutun hinaus. Da der Körper wie ein Rohr arbeitet, wird der Bauch beim Ausatmen flach und das Einatmen folgt automatisch. Wenn diese Art von Atmung voll entwickelt ist, kann die volle Ausatmung bis zu einer Minute dauern.

Man muss hierfür keiner speziellen Übung folgen. Lass einfach die Ausatmung voll ausströmen und die Einatmung automatisch folgen. Öffne die Nase, den Hals, die Kehle. Öffne den Brustkorb, spüre die Leere und werde zu einem Rohr. Probiere es aus und du wirst es verstehen. Wenn du dann ausatmest, wirst du eine Art Straffheit im unteren Bauchbereich spüren. Mit dem Fortschreiten der Übung wirst du feststellen, dass dein Bauch sich immer voller und straffer anfühlt und dein Zentrum, das *Tanden,* fest und solide wird.

Es ist sehr wichtig, diese straffe Fülle im *Tanden* zu spüren. Das *Tanden* ist ein wichtiges Nervengeflecht, das die Verteilung der Hormone im Körper beeinflusst und somit die Ausgewogenheit unseres ganzen Körpers steuert. Darüber hinaus stimuliert das Atmen die Hormone im Gehirn, die für die Konzentration zuständig sind. Je mehr man die volle Ausatmung übt und den dynamischen und aufmerksamen Fokus auf den Atem lenkt, desto luzider und konzentrierter wird man.

Wenn wir das Gefühl der Zentrierung im *Tanden* erfahren, merken wir, dass wir tief verwurzelt sind, dass wir dort sind, wo wir sein sollen. Es ist ein tiefreichendes, friedvolles Gefühl, ein stiller, allumfassender Geisteszustand, in dem wir allen vergeben und alle umschließen können. Diese Erkenntnis ist nicht die Folge unseres bewussten Bemühens um Anteilnahme, sie kommt aus unserer Verwurzelung und unserer Standfestigkeit hervor. Wir erkennen die Klarheit des Geistes, und das ermöglicht uns, die Welt direkt wahrzunehmen und alles so zu erfahren, wie es in Wahrheit ist. Wir betrachten die Dinge nicht mehr als Reflexionen im Spiegel, wir erfahren sie direkt.

Diese Erkenntnis gilt für das Zazen und für alle japanischen Kampfkünste und Kunstarten. Unter den verschiedenen Übungen, die den Schülern helfen sollen, sich in diesen Künsten auszuzeichnen, sind die vorher beschriebenen Atemübungen von entscheidender Bedeutung. Richtiges Atmen versorgt unser Hirn und unseren ganzen Körper mit reiner Luft und lässt in uns einen Zustand entstehen, in dem wir gut erkennen, wo unsere Fähigkeiten sind und wie wir sie am besten anwenden können. Auch erkennen wir, wie wir mit Situationen oder Konflikten spontan verfahren müssen. Mit immer größerer Klarheit bewältigen wir eine Aufgabe nach der anderen.

Das entspannte, weite Atmen fördert das Gefühl der Großräumigkeit. Wir nehmen alles mit offenem Geist auf und sehen klar, wie wir reagieren müssen. Wir versteifen uns nicht mehr und machen die Dinge nicht schlimmer, als sie sind.

Wenn sich unsere Energie im Unterleib sammelt und der Geist sich öffnet, werden wir beobachten können, wie Gedanken in unserem Kopf aufkommen. Sie zu unterdrücken nützt wenig. Man sollte sich vielmehr auf das Zählen der Atemzüge konzentrieren, eine Methode bekannt als *Sussoukan* (Atemmeditation). Das hilft uns, die Konzentration aufrechtzuerhalten, und verhindert, dass wir uns in den Gedanken verlieren. Wir zählen nur die Ausatmungen von eins bis zehn und fangen dann wieder von neuem an. Mit der Zeit wird das Zählen mit dem Atemfluss verschmelzen und wir können mit dem Zählen aufhören. Am Anfang jedoch wird es uns helfen, die Energie zu sammeln, den Geist klar zu halten und die Aufmerksamkeit auf die Atmung zu lenken.

Konzentriere dich während des Ausatmens nur auf die Zahl und atme voll aus, dann atme ganz natürlich ein. Konzentriere dich minutiös auf das Zählen und lass keine Lücken entstehen, in denen sich Gedanken einschleichen könnten. Indem du entspannt, aber konzentriert, den Fokus auf das *Sussoukan* lenkst, wird dein Geist ruhiger und weniger dazu neigen, sich in Äußerlichkeiten zu verstricken. Wenn du nur das tust, wenn du keine Lücken entstehen lässt, wirst du bald einen tiefen und ruhigen Ort in dir finden.

Dabei dürfen wir, wie mir mein Lehrer wiederholt sagte, nicht in Eile sein. Es ist, wie wenn wir einen Eimer mit Wasser füllen würden, einen Tropfen nach dem anderen, oder wie wenn wir einen Ballon aufblasen würden, einen Atemzug nach dem anderen. Das Zählen der Atemzüge darf nicht mechanisch vor sich gehen. Unsere Aufmerksamkeit muss jeden Atemzug, jede Zahl verfolgen, und der Eimer wird sich langsam füllen, bis der letzte Tropfen die Oberfläche bricht und das Wasser überschwappt, oder der Ballon immer größer und straffer wird, bis er endlich platzt. Bis zu diesem Punkt muss deine Konzentration auf dem *Sussoukan* bleiben.

Dies ist etwas, das jeder von uns machen kann, denn es handelt sich hier um eine Funktion des Körpers. Wenn wir den Anweisungen folgen, wird es auch geschehen. Es handelt sich hier nicht um etwas Hochgestochenes oder etwas, das nur einige Begabte zustande bringen. Es ist wie eine mathematische Gleichung: Wenn du dich lange genug auf den Atem konzentrierst, wird sich „der Eimer" eines Tages füllen, und das Wasser wird überlaufen.

Auf diese Art werden wir diesen prallen Zustand des Geistes realisieren, in dem fremde Gedanken keinen Platz finden. Wir werden vollumfänglich präsent sein. Da diese pralle Energie uns vollkommen füllt, gibt es dann keinen Ort in unserem Gewahrsein für irgendwelche Ideen der Vergangenheit oder Zukunft. Wir werden zu einem Moment der Gegenwart, der sich zum nächsten wandelt. Wenn wir diesen tiefen Geisteszustand erreichen, wird das Gute und das Böse aufgehoben. Wir werden vollumfänglich in der Gegenwart verankert, und das diskursive Denken wird sich erübrigen.

Letztendlich braucht es nicht mehr als die direkte Erkenntnis dieser Essenz. Im Zen geht es nicht darum, über den Geist nachzudenken, sondern darum, den Geist direkt zu erfahren. Sich von Gedanken treiben zu lassen, die kontinuierlich entstehen und uns ständig zwischen der Vergangenheit und der Zukunft hin und her jagen, ist nicht Zazen. Manche beginnen die Zazen-Übung mit der fixen Idee von „Ruhe" und „Leere" und versuchen mit diesem Konzept Zazen zu praktizieren. Da solche Konzepte nur Ideen sind, führt eine derartige Übung zu nichts. Unser Geist ist von Grund auf ruhig, so dass jede Idee von Ruhe nichts anderes als eine neue Schicht ist, die wir über die wahre Ruhe stülpen. Ebenso gibt es in Wirklichkeit keinen permanenten physischen Körper. Jedes Konzept eines physischen Körpers ist schon einen Schritt von dem entfernt, was wir in Wirklichkeit sind.

Zen Meister Takuan war Lehrer von Yagyu Munenori, einem der berühmtesten Schwertmeister. In den Briefen, die Takuan an Yagyu schrieb, bekundete er sein großes Wissen über das, was Schwertkampf mit Zazen gemeinsam hat. Die Briefe sind bekannt unter dem Namen „Die profunden Lehren des unbewegten Geistes". Das bedeutet jedoch nicht, dass dieser Geist sich nicht bewegt. Es ist kein stockender oder festgelegter Geist, kein Geist, der einem Baum oder einem Stein gleicht. Vielmehr handelt es sich um einen Geist, der nirgends fixiert ist, nirgends stehen bleibt, nirgends verweilt. Dieser Geist bewegt sich dauernd, weil er an nichts haftet. Dies ist, paradoxerweise, gemeint mit „unbewegter" Geist.

Wenn wir dies hören, mögen wir denken, dass es unmöglich sei, einen Geist zu haben, der nie stehen bleibt und sich an nichts klammert. Es ist aber leicht zu verstehen. Wenn wir Babys beobachten, können wir leicht erkennen, dass sie diesen offenen Geist besitzen.

Ein Baby fürchtet nicht, dass es getötet werden oder dass etwas Schlimmes passieren könnte. Es legt keine Extraschicht über das, was es wahrnimmt. Ich will damit nicht sagen, dass das Baby einem Kendo-Meister gleicht oder dass es das Leben gemeistert hat. Aber was ist es, das dem Baby ermöglicht, die Dinge direkt wahrzunehmen? Wieso können nicht auch wir diesen Geisteszustand erfahren? Nicht weil wir beim Älterwerden einen neuen Geist bekommen haben; das ist es nicht. Wir haben den gleichen Geist, aber wir haben inzwischen so viel Ballast angesammelt, dass der reine Geist nicht mehr zugänglich ist. Wir haben mentale Konzepte, Schichten von Konditionierung, verschiedenste Erfahrungen und rationale Interpretationen angehäuft. Um wieder zu unserem ursprünglichen Geist den Weg zu finden, müssen wir diesen Ballast loswerden.

Rinzai Zenji, der große chinesische Zen-Meister, der im neunten Jahrhundert lebte, beschrieb diesen Geist als das Gesicht eines Babys mit tausend Meter langem, weißem Haar. Das ist Rinzais Beschreibung von jemandem, der die Reinheit und Klarheit eines Babys manifestiert, gleichzeitig aber ein tiefes Verständnis für die Menschen hat. Ein solcher Mensch erfährt direkt seinen wahren Geist, hat aber genug von der Welt gesehen, um zu wissen, wie er verantwortungsvoll handeln muss.

Kufu ist ein japanisches Wort, das im Zusammenhang mit der Übung oft gebraucht wird, aber nicht leicht zu übersetzen ist. Normalerweise wird es als „kreative Erfindung" dargelegt. *Kufu* zeigt z. B., was Handwerker tun, wenn sie auf erfinderische und kreative Art ihre Aufgaben lösen. Sie erledigen ihre Aufgaben dann nicht mittels durchdachten Planungsvorgaben, sondern dadurch, dass sie sie spontan anpacken, so wie sie sich gerade präsentieren. Wenn z. B. ein Feuer tobt und außer Kontrolle zu geraten droht, steigen Feuermänner auf ein benachbartes Haus und decken es ab, manchmal zerstören sie sogar das ganze Haus, damit das Feuer sich nicht ausbreiten kann. Diese Art von Reaktion ist *Kufu*.

Falsch übt man, wenn man beim Zazen vage und ohne Klarheit sitzt. Man darf hier keine Kompromisse eingehen, darf sich weder halbherzig konzentrieren noch die Gedanken umherschweifen lassen. Richtige Übung bedeutet, dass man mit dem ganzen Einsatz an die Aufgabe herangeht, dass man alles hergibt. Man arbeitet nicht mit dem Gehirn, denkt nicht an gut oder schlecht, an Verlust oder Gewinn, an sich und die anderen. Solange wir dies nicht lassen, wird unser Zazen nie erfinderisch, nie ein kreatives *Kufu* werden.

In diesem Sinne kann man den Geist eines Babys als einen religiösen Geist betrachten. Die Wissenschaft sagt uns, dass ein Baby, wenn es sechzehn Monate alt ist, weiß, was „eins" bedeutet. Mit dreiundzwanzig Monaten weiß es, was „zwei" bedeutet. Solange das Kind alles als „eins" wahrnimmt, sieht es alles als Amida, als Buddha. Egal wie schlecht oder gut eine Person ist, egal was sie getan hat, ein Baby sieht jede Person als Teil von diesem „eins". Sobald es aber „zwei" unterscheiden kann, wird alles getrennt. Das Kind beginnt konditioniert zu werden und die Welt rational zu betrachten. Es ist die Aufgabe von Zazen, zum Zustand von „eins" zurückzukehren und das Dualistische, das Trennende abzulegen. Von hier aus bringt uns Zazen noch weiter zurück, bis wir den ursprünglichen Zustand von „null" erreichen.

Im Buddhismus wird häufig behauptet, dass wir alle von Anfang an im Besitz des großen, allumfassenden, klaren Geistes sind, eines Geistes, der alles wiederspiegelt. Die Essenz des großen, klaren, alles reflektierenden Geistes ist die gleiche wie die des neugeborenen Babys. Der Spiegel reflektiert alles, ohne dabei irgendwelche Urteile, Ansichten oder Erwartungen zu hegen.

Ich kann mir vorstellen, was die Leute dabei denken: „Was bringst uns das schon, den Geist eines Babys zu erlangen? Welchen Nutzen hätte das für die Bewältigung der Aufgaben, die die Welt von uns erwartet? Wie können wir mit dem Baby-Geist Probleme lösen, mit denen wir ständig konfrontiert sind?" Wir denken nur so, weil wir die Welt aus der Perspektive unserer mentalen Konzepte wahrnehmen.

Ich will nicht behaupten, dass wir den rationalen Geist ignorieren oder auf ihn verzichten sollten, denn die Kraft der Gedanken und das rationale Denken sind bei vielen wichtigen Entscheidungen von großem Nutzen. Ich meine nur, dass es in Bezug auf unseren ursprünglichen Geist nichts gibt, das hinzugefügt werden muss. Im Zazen versuchen wir nicht, den großen, klaren Spiegel-Geist intellektuell zu verstehen – wir lassen nur zu, mit ihm eins zu werden. Wenn wir die Klarheit des reinen Geistes erfahren, werden wir begreifen, dass alles, das wir bis dahin darüber gedacht haben, alle unsere Konzepte und Ideen darüber, bloße Schatten sind, die vor dem großen Spiegel vorbeimarschieren.

Wenn wir diesem Geist direkt begegnen, können wir nicht länger verkennen, dass die Ideen, an die wir uns bis dahin geklammert haben, nur Schatten gewesen sind, die unser Bewusstsein vernebelt haben. Wir realisieren, dass alles, was wir erfahren haben, alles, an dem wir festgehalten und als Teil unseres Lebens betrachtet haben, nichts weiter als ein Phantom gewesen ist, reflektiert im Spiegel des großen Geistes. Wenn wir sehen, wie vergänglich diese Dinge sind, realisieren wir, wie zwecklos es ist, an ihnen zu hängen.

Wenn wir den spiegelähnlichen Geist erkennen und die Dinge so wahrnehmen, wie sie sind, reagieren wir ganz natürlich auf das, was vor uns ist, und legen keine Extraschichten von Meinung und Urteil darüber. Wir handeln adäquat, ohne anzuhalten und ohne uns zu fragen, was in der bestimmten Situation zu tun wäre. Wenn wir im Stande sind, auf diese Art spontan zu reagieren, müssen wir uns keine Sorgen über unsere Handlungen machen, brauchen uns nicht zu gratulieren, wenn uns etwas gelingt, oder uns die Schuld zu geben, wenn etwas schiefläuft. Wir machen uns nichts mehr aus den Gedanken unseres kleinen Egos. Ob gelobt oder beleidigt oder zum Narren gehalten, das alles wird belanglos. Wenn es vorbei ist, ist es vorbei. Das ist unser natürlicher, ursprünglicher Geist.

Wenn wir nicht an fixen Ideen haften, können wir in jeder Situation natürlich und frei reagieren. Das mag uns jetzt schwierig erscheinen, aber selbst der Gedanke, dass es schwierig ist, ist nichts anderes als ein Schatten.

Meister Ikkyu brachte dies so zum Ausdruck: „Wie traurig, dass sich das Baby nach der Geburt mit jedem Tag dem Buddha-Sein entfernt.“ Wir müssen erkennen, dass genau dies passiert, während wir Konzepte, Meinungen und jede Art von Konditionierung anhäufen. Der eigentliche Zweck des Zazen ist, denen zu helfen, die nicht auf die gewohnte Art weiterleben wollen und einen Weg suchen, der sie zu ihrem ursprünglichen Geist zurückführt.

Man kann Zazen nicht alleine dadurch kennen, dass man davon hört oder liest und versucht, es intellektuell zu verstehen. Gedanken darüber, was es sein könnte, sich also von Zazen ein mentales Konzept zu machen, das alles ist sinnlos. Das Sitzen im Zazen und die Atmung, wie ich sie beschrieben habe, müssen praktiziert und erfahren werden. Unser wunderbarer Körper, richtig benutzt und ausgerichtet, kann uns helfen, die inneren Spannungen und Blockaden aufzuheben. Im weiten Ozean des Atems können wir Befreiung finden. Das Wissen darüber allein hilft uns aber nicht. Zuerst müssen wir dem Körper und dem Atem Leben verleihen.

Durch Zazen werden wir zur Erkenntnis kommen, dass unser Körper und unser Atem nicht auf unser individuelles Ego beschränkt sind. Sie sind eine allumfassende Quelle unserer eigentlichen Existenz. Wenn wir korrekt ausgerichtet sind, sind wir nicht mehr Gefangene egozentrischer Ideen, regen uns nicht mehr auf, sind nicht mehr verstrickt in belanglosen Sachen. Nur weil wir nie unseren ursprünglichen Geist mit unserem ganzen Wesen erfahren haben, haften wir an Ideen und Konzepten fest und können uns nicht befreien. Die Ausrichtung unseres Körpers und die richtige Atemtechnik werden uns helfen, hinter die Schatten zu blicken und uns von der Last dieser Schatten zu befreien.

Einige mögen denken, dass dies viel zu schwierig sei, dass sie lieber einem angenehmen und unbeschwerten Leben den Vorzug geben. Welch ein Unglück, sich die Gelegenheit entgehen zu lassen und dem Erwachen keine Chance zu geben! Wir sind alle im Besitz des ursprünglichen, reinen Geistes und im Besitz der Fähigkeiten, ihn zu erfahren und ihn zu leben. Einmal erwacht, können wir alles, was vor uns erscheint, ob Gott oder Teufel, als das wahrnehmen, was es in Wahrheit ist.

Lasst bitte das, was ich hier gesagt habe, nicht zu einer weiteren Ablenkung in eurem Zazen werden. Wenn ihr mal müde und erschöpft in eurer Übung seid, werden vielleicht meine Ratschläge von Nutzen sein. Nur aus diesem Grund habe ich alles so ausführlich dargelegt.

FRAGEN UND ANTWORTEN

F. Wenn ich versuche, vollständig auszuatmen, spüre ich oft einen Widerstand in der Brust und in der Lunge. Was soll ich machen, um tiefer ausatmen zu können?

A. Wenn du dich in der Brust und in der Lunge eingezwängt fühlst und Mühe hast, vollständig auszuatmen, dann ist dein Zwerchfell angespannt. Für viele von uns ist die Anspannung chronisch, ein Resultat von langjährigen, gewohnheitsmäßigen Spannungen in diesem Körperbereich. Wenn du versuchst, dich zu entspannen, und dennoch nicht voll ausatmen kannst, dann leg dich hin und versuche dann, dich vollkommen zu entspannen. Atme sehr behutsam aus. Lass die Luft raus, ohne zu pressen. Das ist wichtig. Atme langsam aus, ohne jeglichen Kraftaufwand. Immer voll entspannt, atme und fühle die Luft sanft durch dein Zwerchfell strömen, häppchenweise sozusagen. Es kann etwas dauern, bis du dich an die volle Ausatmung gewöhnt hast, weil du im Zwerchfell meistens versteift bist und dein Atem flach ist. Diese Art von Atmung ist für die meisten von uns neu, so müssen wir uns zuerst daran gewöhnen und nicht schon am Anfang zu sehr forcieren.

F. Sie sagen, dass die Einatmung ganz natürlich vor sich geht, ich aber finde, dass ich nach tiefem Ausatmen nach Luft schnappen muss.

A. Die Atmung sollte möglichst mühelos vor sich gehen, aber anfangs ist das womöglich schwierig. Es kann hilfreich sein, am Ende der Ausatmung noch zwei oder drei Mal sanft nachzustoßen, um sicher zu sein, dass die ganze Luft ausgeatmet wurde. Wenn du es so machst, wirst du sehen, dass die Einatmung ganz natürlich folgen wird. Das Vakuum, das durch die Ausatmung entstanden ist, leitet das Einatmen ein, ohne dass wir daran denken müssen. Aber am Anfang, bevor sich der Körper daran gewöhnt hat, muss man lernen, wie der Vorgang am besten funktioniert. Es geht hier nicht um die Anstrengung bei der Ausatmung, sondern darum, dass wir den Atem befreien und ihm erlauben, den natürlichen, vollen Weg zu gehen. Ein paar sanfte Nachstöße am Ende der Ausatmung – und die Einatmung wird ganz natürlich erfolgen.

F. Während der Ausatmung sollen wir uns auf das *Tanden* konzentrieren. Worauf sollen wir uns beim Einatmen konzentrieren?

A. Wenn man Tennis spielt, kann man den Schläger nicht die ganze Zeit fest drücken. Der Schläger wird fest gedrückt, wenn man den Ball schlägt, wenn aber der Ball auf einen zukommt, lockert man etwas den Griff, um richtig reagieren zu können. Nachdem man den Schläger fest gedrückt hat, lockert man wieder den Griff. Wenn man bis ans Ende ausatmet, atmet man ohne ein Zutun wieder ein. Das ist auch ein wichtiger Aspekt bei den Kampfkünsten, wo eine scharfe Konzentration lebenswichtig ist. Auch hier ist die Ausatmung sehr wichtig. Es gibt etwas bei den Kampfkünsten, dass man als „nachhallendes Echo" bezeichnet. Es bezieht sich auf den Fokus beim Übergang zwischen dem Ausatmen und dem Einatmen. Wenn der Fokus hier nachlässt, entsteht eine Lücke, die der erfahrene Gegner zum Angriff nutzen kann. Genauso muss beim Zazen die volle Ausatmung fließend in die Einatmung übergehen. Wenn man die *Sussoukan*-Übung länger praktiziert hat, weiß man, dass die Ausatmung von äußerster Wichtigkeit für die Konzentration ist und diese wiederum eine wesentliche Rolle im Zazen spielt. Wenn der Fokus auf die Ausatmung gelenkt wird, wird auch unsere Konzentration geschärft, und unser Atem wird länger.

F. Manchmal, wenn ich mich auf den Atem konzentriere, fange ich an zu gähnen. Was kann ich da machen?

A. Zunächst: Was spricht gegen das Gähnen? Gähnen deutet nicht auf eine mentale Müdigkeit hin; es ist nur etwas, das dein Körper tun will. Es könnte z. B. bedeuten, dass du zu flach atmest und dadurch nicht genug Sauerstoff bekommst. Der Körper versucht dann, durch das Gähnen den Mangel zu kompensieren. Wenn du nach und nach deine Ausatmung vertiefst, wird auch die Sauerstoffmenge zunehmen, und das Gähnen wird verschwinden.

F. Ist die lange Ausatmung, die Sie uns demonstrieren, die Art, wie Sie immer atmen, oder wechseln sich bei Ihnen lange und kurze Atemzüge ab?

A. Meine Ausatmung ist nicht immer lang – wenn dem so wäre, wäre ich nicht im Stande, etwas anderes zu tun. Ich demonstriere die lange Ausatmung, um zu zeigen, dass durch Zazen solche Ausdehnung des Atems möglich ist. Ich bin dazu im Stande, weil ich viele Jahre praktiziert habe, was aber nicht heißt, dass man immer so atmen sollte oder dass ich immer auf diese Art atme. Die Länge des Atems passt sich ganz natürlich unserer Beschäftigung an.

F. Wenn Sie die Atmung demonstrieren, atmen Sie durch den Mund, wir aber sind angewiesen, durch die Nase zu atmen.

A. Bei der Demonstration gebrauche ich den Mund, nur um zu verdeutlichen, wie diese Art von Atmung vor sich geht. Sie sollten im Zazen normalerweise durch die Nase atmen. Gleichwohl passt sich der Atem den Aktivitäten und Aufgaben an, die täglich zu erledigen sind. So kann es häufig vorkommen, dass man durch den Mund atmen muss. Generell, habe ich gesagt, ist es besser, durch die Nase zu atmen. Aber die Leute, die mit der neuen Atemtechnik noch nicht vertraut sind, können anfangs mit dem Mund atmen;

dann können sie die Bewegung der Atemluft besser beobachten. Die meisten Leute machen etwa achtzehn Atemzüge pro Minute. Wenn man an der Atemtechnik arbeitet, kommt man mit fünf oder sechs Atemzügen aus, einige sogar mit einem oder zwei. Sie können auf die Uhr schauen und sich selbst überzeugen, wie sie Fortschritte machen.

F. Wie oft praktizieren Sie diese Art von Bauchatmung?

A. Ich tue es immer, ich atme einfach auf diese Art. Da ich so viele Jahre praktiziert habe, spüre ich immer eine Art Energieball im Bauch. Ich habe immer Zugang zu dieser Energie und kann sie nutzen. Wenn man an der Entwicklung dieser Atemtechnik arbeiten will, fängt man am besten am Morgen an, nachdem man aufgewacht ist. Am frühen Morgen ist man besonders aufnahmefähig. Wenn man sich jeden Morgen für ein paar Minuten hinlegt und die Bauchatmung übt, wird man sich schnell daran gewöhnen.

F. Ist es der Bauch, der alleine für die Auf-und-Ab-Bewegung zuständig ist, oder ist es der Atem, der nach innen und nach außen strömt?

A. Der Bauch bewegt sich mit jedem Atem, aber man sollte sich deswegen nicht den Kopf zerbrechen. Wenn man sich einmal diese Art von Atmung angeeignet hat, wird der Atem automatisch expandieren, auch wenn man sich dessen nicht immer bewusst ist. Man wird dann den Energieball, den ich vorher erwähnt habe, allmählich im Bauch spüren. Aber es geschieht von selbst, man muss nur bei der Übung bleiben und sich keine Gedanken darüber machen. Wenn man einen gewissen Grad an Fortschritt erreicht hat, wird sich die volle, straffe Energie im Bauch bemerkbar machen. Die mentale Beschäftigung damit ist nutzlos.

F. Warum müssen wir während des Zazen mit so vielen Schmerzen kämpfen? Gehört Schmerz zum Zazen?

A. Wenn wir Zazen üben, erkennen wir, dass der größte Feind, der uns entgegenkommt, unser kleines Selbst ist. Wenn wir uns hinsetzen, beginnen sowohl unser Geist als auch unser Körper Widerstand zu leisten. Bei der Bekämpfung äußerer Widrigkeiten können wir stark sein, sobald wir aber an innere Widerstände stoßen, sind wir dem Feind nicht gewachsen. Einer der anschaulichen Namen für den Buddha ist: „Einer, der die Tapferkeit besitzt, sich selbst in sich auszurichten". Schon für die Überwindung der äußeren Schwierigkeiten brauchen wir eine gute Portion Mut; es braucht aber viel mehr Mut, die inneren Widerstände zu überwinden. Was außerhalb von uns vor sich geht, ist einfacher einzuschätzen und zu bekämpfen. Viel schwieriger ist es, mit Blockaden und Hindernissen in uns selbst fertig zu werden. Wichtig beim Zazen ist das Fallenlassen aller Verbindungen zu den externen Inhalten unseres Lebens. Indem wir den Fokus vom Äußeren aufs Innere lenken, werden wir den Geist erfahren, der alle Wesen vereint, und wir werden uns in Beziehung zu dem Erkannten bringen.

F. Haben Sie einen Ratschlag, wie wir mit dem Ballast umgehen sollen, der unseren Geist belastet? Was ist wichtig und was nicht? Was ist Ballast, was nicht?

A. Wenn man versucht, das Problem rational zu verstehen und rational zu lösen, wird man keine Antwort finden. Wenn man einem Baby Gift verabreicht, wird es das Gift ausspucken.

F. Ich habe versucht, mich bei der Meditation von Gedanken frei zu machen, dann aber bemerkt, dass gewisse Gedanken doch heilsam und nützlich sein können. Haben Sie die gleiche Meinung betreffend solcher Gedanken?

A. Es stimmt, dass einige Gedanken fördernd und nützlich sein mögen. Aber bei unserer Übung geht es nicht darum, Gedanken auf ihre Nutzbarkeit zu prüfen. Wir dürfen nicht vergessen, dass das Ziel unserer Übung in der Erkenntnis münden muss, dass der große Geist für jeden da ist und alle Lebewesen vereint. Unser Zazen soll uns dahin führen, wo wir diesen allumfassenden Geist finden, und uns nicht dazu anleiten, uns mit unserem Ego zu beschäftigen. Um dies zu erreichen, müssen wir uns von allen egozentrischen Gedanken befreien, von Gedanken, die sich nur um unser trennendes, beschränktes Selbst drehen. Wenn wir dies erreicht haben, dann wird das, was wir vor uns sehen oder hören, ohne begleitende Gedanken von uns wahrgenommen. Dies bedeutet, dass wir dann alles direkt und klar, ohne den Gedankenballast, ohne die angewöhnte mentale Begleitung der Wahrnehmung, erkennen. Wenn Gedanken unsere Wahrnehmung begleiten, dann sehen wir nicht mit dem gleichen Auge, hören nicht mit dem gleichen Ohr wie die anderen. Wenn das Denken aufhört, nehmen wir alles von einem Standpunkt wahr, der allen zu Grunde liegt. Nichts Persönliches, nichts Selbstbezogenes verdeckt dann unsere Wahrnehmung. Wenn wir Gedanken haben, egal wie kultiviert und sinnvoll diese auch sein mögen, nehmen wir die Welt nicht mit dem allumfassenden Geist wahr und verfehlen den Zweck unserer Übung. Die Zen-Übung besteht darin, dass wir die Gedanken loslassen und zu dem Geist zurückfinden, aus dem unser Bewusstsein und unsere Wahrnehmung hervorkommt.

F. Wenn es unser Geist ist, der in Wirklichkeit die Atmung ausführt, heißt das dann, dass wir unseren Geist leeren, indem wir unser Gewahrsein auf den Bauch richten?

A. Wir alle neigen dazu, viel zu viel mit dem Kopf zu erledigen. Das führt dazu, dass unsere Energie in den Kopf aufsteigt und uns kopflastig macht. Wenn wir uns von der Spannung in der oberen Hälfte unseres Körpers befreien, lässt sich die Energie automatisch im Bauch nieder, was uns das Gefühl der Fülle und Straffheit in diesem Bereich verleiht. Wir entspannen die obere Körperhälfte und lassen die Ausatmung in das *Tanden* sinken, eine Ausatmung nach der anderen. Mit dem Fortfahren dieser Atemtechnik wächst unsere Energie. Es geht hier also nicht um ein Pressen der Energie vom Kopf in den Bauch; die Energie fließt ganz natürlich in den Bauch, wenn die Spannung in der oberen Körperhälfte nachlässt.

F. Wenn wir voll ausatmen, leeren wir die Luft aus der Lunge. Leeren wir dann nicht auch den Geist?

A. Man muss den Geist nicht leeren, er ist von Anfang an leer. Unser Kopf ist mit Gedanken gefüllt, und wir betrachten ihn als unseren Geist. In Wahrheit sind wir nicht bereit, die Gedanken gehen zu lassen. Um uns von dieser Anhaftung zu befreien, lassen wir die Ausatmung bis ans Ende gehen, ohne dabei Kraft oder Zwang anzuwenden; wir erlauben dem Atem, ganz natürlich frei zu strömen. Dies begünstigt die Loslösung der Gedanken. Wenn wir uns auf die Ausdehnung der Ausatmung konzentrieren, bemerken wir mit der Zeit, dass uns Gedanken immer weniger stören und von alleine verschwinden. So funktioniert das.

F. Meine Frage betrifft die Meditation im Gehen. Ich finde es besonders schwierig, mich beim Gehen vom Umherschweifen der Gedanken zu befreien. Ist das einer der Gründe, warum wir *Kinhin,* die Meditation im Gehen, praktizieren?

A. Die Meditation im Gehen hat ihren Ursprung in Indien, wo vor mehr als tausend Jahren Mönche über lange Zeitspannen meditierten. Das führte häufig dazu, dass ihre Energie ins Stocken geriet. Dann fanden sie heraus, dass, wenn sie sich bewegten, die Energie wieder zu fließen begann und sie mit frischem Geist die Meditation fortsetzen konnten. Auch stellten sie fest, dass es wichtig ist, die Muskeln zu bewegen und die Stellung zu wechseln, damit der Körper sich von der Spannung befreit. Das Gehen half ihnen auch in anderer Hinsicht. Sie lernten, auch während der Ausführung täglicher Aktivitäten die Konzentration beizubehalten. Da dies tatsächlich schwieriger ist, behalfen sie sich häufig mit dem Rezitieren der Texte aus den Buddha-Lehren. Wenn sie zerstreut wurden, rezitierten sie ein Mantra (ein Wort oder ganze Wortreihen aus den Sutras). Das ermöglichte ihnen, immer gesammelt zu bleiben. Es gibt eine ganze Reihe von Mantras, die zu diesem Zweck gebraucht werden. Eines, das besonders effizient ist, ist das Mantra am Ende des Herz-Sutras: „*Gyate gyate paragyate parasam gyate bodhi svaha.*“ Der Rhythmus dieses Mantras eignet sich besonders gut für die Meditation im Gehen. Das Mantra wird übersetzt als „Gegangen, gegangen, gegangen ans andere Ufer“, oder „Angekommen, angekommen, jetzt im Land der Fülle angekommen“. Das heißt: Hier und in diesem Augenblick sind wir am anderen Ufer. Aber die Bedeutung des Mantras liegt nicht so sehr im Inhalt als vielmehr in dem besonderen Rhythmus, der uns beim Rezitieren hilft, zentriert zu bleiben.

F. Ich habe gehört, dass das Herz-Chakra der Ort ist, durch den die Energie in den Körper eintritt. Welche Beziehung besteht zwischen dem Herz-Chakra und dem *Tanden* als Energiezentren?

A. Die Chakras haben einen bestimmten emotionalen Inhalt, während das *Tanden,* wie ich es beschreibe, eher physischer, materialistischer Natur ist. Die pralle, straffe Energie hat keinen Bezug auf das Chakra-System. Ich will nicht behaupten, dass das *Hara*-Chakra im Gegensatz zum Herz-Chakra steht. Das *Tanden* ist, gemäß Zen, eine andere Eintrittspforte, eine eher physische. Jeder, der diese Atmungstechnik praktiziert, wird zu der gleichen körperlichen Erkenntnis kommen und die pralle Energie erfahren. Wenn wir dies erreichen, dann können wir uns von unserem kleinen Selbst befreien und zum großen Leben erwachen, das alles und alle umfasst. Ein anderer Aspekt der Körperlichkeit des *Tanden* ist, dass es nahe am Nabel liegt, also dort, wo wir im embryonalen Zustand mit der Mutter verbunden waren. Dort liegt die Quelle unserer Lebensenergie, bis wir im Augenblick der Geburt anfangen, Luft in die Lunge einzuatmen. Somit ist der Bauch immer ein wichtiges Energiezentrum gewesen, ein Ort, durch den wir leben. Und mit der beschriebenen Atemübung wird er gestärkt.

F. Wenn ich während der Meditation eine Stelle vor mir anstarre, scheint die Stelle manchmal zu verschwinden, und alles wird verschwommen und vernebelt. Ich finde mich weniger präsent, meine Gedanken fangen an herumzuwandern und ich werde schläfrig. Wo liegt die Ursache und was kann ich dagegen machen?

A. Diese Frage kommt recht häufig vor. Die Ursache liegt darin, dass man zu viel Anstrengung in die Fokussierung legt. Die übertriebene Anstrengung behindert uns und bringt Müdigkeit und Schläfrigkeit mit sich. Um dies zu vermeiden, muss man sich ganz öffnen. Diese Öffnung ist sehr wichtig im Zazen. Tatsache ist, dass der Geist nicht durch die forcierte Konzentration klarer wird, sondern durch die expandierende Öffnung. In dem Maß wie wir unser Bewusstsein befreien, wird es sich auch ausweiten. Um diese Ausweitung zu erreichen, muss man sich zuerst völlig entspannen. Wenn man Müdigkeit und Schläfrigkeit verspürt, soll man nicht versuchen, sich stärker zu konzentrieren. Lass deine Augen ganz einfach auf der Stelle vor dir ruhen; du nimmst die Stelle wahr, zwingst aber deine Fokussierung nicht darauf. Gleichzeitig kontrolliere deine Stellung, richte dich vom Unterleib bis zum Kopf erneut auf. Ich mache das so, dass ich mich zuerst nach vorne lehne, dann nach hinten und danach bewusst meine Steißbeinmuskeln anziehe. Mit der Zeit wird man merken, wie sich das Bewusstsein weitet, und man wird darin bestätigt, den Weg weiter zu verfolgen.

F. Entspricht die Öffnung am Schädeldach (Fontanelle) der Öffnung des dritten Auges? Wie viel Gewahrsein sollte ich dieser Stelle bei der Meditation widmen?

A. Um Zazen offen und befreiend zu üben, muss der ganze Körper zum Fokus des Gewahrseins werden (darum habe ich vorher gesagt, dass man die Augen nicht zu stark für die Fokussierung gebrauchen soll). Aber um dies zu erreichen, müssen wir überall dort loslassen, wo wir hängengeblieben sind, wo die Energie stockt. So kann manchmal die Fokussierung auf das dritte Auge oder auf das Schädeldach hilfreich sein. Genauso können wir mit Hilfe von Yoga oder *Chi Kung* verspannte Stellen wieder lockern. Egal welche Methode wir gebrauchen, wichtig ist, dass wir auch hier nicht hängenbleiben. Ein einfaches Bewegen des Fingers oder der Zehe kann Yoga oder *Chi Kung* bedeuten, denn eine einzige Zelle kann die Gesamtheit des Körpers zum Ausdruck bringen – wie bei den Kampfkünsten, wo die Sichtweise auch die entfernten Berge einschließt, eine Sichtweise, die unser Bewusstsein immer offener und befreiter macht. Wenn unser Gewahrsein die weit entfernten Berge umfasst, dann ist unsere Konzentration klar und wir können auch die kleinen Dinge sehen. Wenn wir aber unseren Fokus nur darauf fixieren, was vor uns liegt, dann verlieren wir die Übersicht über alles andere. Das Gewahrsein eines Kampkunstmeisters können wir nicht auf einmal erlangen, auch können wir es nicht intellektuell verstehen. Nichtsdestoweniger können wir Schritt für Schritt unser Gewahrsein so öffnen, das es alles umfasst. Dies wird uns auch in die Lage versetzen, von allem Gebrauch machen und alles mit Lebendigkeit durchdringen zu können. Auch hier werden wir nicht stehenbleiben, sondern erkennen, dass der Weg sich weiter öffnet.

F. An einem Punkt der Übung merkt man, dass man die Zuversicht verliert, die Energie scheint aufgebraucht zu sein. Wie bringt man sich zum fokussierten Zentrum zurück?

A. Es kommt darauf an, was die Ursache des Problems ist. Wenn es die körperliche Erschöpfung ist, dann soll man mehr schlafen. Ich gehe schlafen, wenn ich merke, dass ich erschöpft bin. Ist aber die Erschöpfung nicht physischer Natur, dann kann uns der Schlaf keine Revitalisierung bringen. Am wichtigsten ist unser Vorsatz, alle Lebewesen zu befreien; dieser Vorsatz wird uns bei der Übung helfen. Diejenigen, die in diesem Vorsatz tief verankert sind, werden daraus immer Kraft schöpfen und alle Hindernisse aus dem Weg räumen können. Nicht aber die, denen der Vorsatz nicht viel bedeutet.

F. Wie können wir wissen, dass wir so müde sind, dass wir schlafen müssen, anstatt weiter zu sitzen und zu meditieren? Dies scheint besonders während eines Sesshins ein Problem zu sein.

A. In einem Punkt war Buddha besonders streng, das war in der Frage des Schlafs. Einiges von dem, was aufgebraucht wird, kann man wieder ersetzen. Aber die Zeit, die uns im Leben zur Verfügung steht, kann man nicht wieder zurückgewinnen. Eines der größten Probleme für die praktizierenden Menschen ist, dass sie nicht realisieren, wie kostbar die Lebensenergie ist, und häufig vergessen, dass sie in jedem Augenblick sterben können. Und so verschwenden sie ihre Zeit mit belanglosen Beschäftigungen, denen sie nie nachgehen würden, wenn sie sich der Kostbarkeit des Lebens und der Vergänglichkeit ihrer Existenz voll bewusst wären. In den letzten Sutras weist Buddha seine Schüler an, sich vor dem Schlaf gut zu hüten und dem Schlaf nicht zu frönen. Die Verlockung des Schlafs ist eine der problematischsten Ablenkungen für diejenigen, die erwachen wollen.

Unter Zen-Meistern wird häufig eine Geschichte von Meister Sekiso erzählt, der sich jedes Mal mit der Ahle in den Schenkel stach, wenn der Schlaf ihn zu überwältigen drohte. Die Geschichte ehrt die Weisheit und die Strenge von Meister Sekiso, doch Buddha war genauso streng in dieser Hinsicht. Die Frage zur Dauer von Schlaf ist nicht einfach zu beantworten. Es hängt von der körperlichen Verfassung des Menschen ab und davon, wie fortgeschritten er in der Übung ist. Doch der Faktor, der den größten Einfluss auf die Länge des Schlafes hat, ist das *Samadhi.*

Der Körper mag normalerweise eine gewisse Anzahl von Stunden für den Schlaf brauchen, das tiefe *Samadhi* kann jedoch die nötige Schlafmenge weit reduzieren. Wenn die Meditation tief ist, wird der Schlaf auch tief und erholsam sein, so dass man dann vielleicht nur drei oder sogar bloß zwei Stunden Schlaf benötigt. Das ist auch einer der Gründe, warum die *Sesshin* eine Woche dauern. Es ist nämlich schwierig, sich mehr als sieben Tage effizient zu konzentrieren. Nach sieben Tagen ist es fast unmöglich, mit der gleichen Intensität zu sitzen. Buddha verglich das mit einer Harfensaite, die, wenn sie zu angespannt ist, reißt; wenn sie aber zu locker ist, erzeugt sie nicht den richtigen Ton. Wenn man zu viel schläft, wird man verwirrt und nicht imstande sein, den scharfen Fokus beizubehalten. Schläft man aber zu wenig, wird man schnell abgelenkt und irritiert. So kann beides zu einem Problem werden. Jeder von uns muss, seiner Erfahrung entsprechend, herausfinden, wie viel Schlaf er oder sie braucht. Wach und aufmerksam während des *Sesshins* zu bleiben, ist die Verantwortung nicht nur des Einzelnen, sondern der ganzen *Sangha.* Alle im *Zendo* sollten sich unterstützen und sich gegenseitig helfen, wach zu bleiben, und der Lehrer sollte alle dabei motivieren. So wird die Schläfrigkeit von allen dreien bekämpft, von der *Sangha,* von jedem Einzelnen und vom Lehrer. Es bleibt aber trotzdem eine große Herausforderung. Es ist alles eine Frage des Lernens und der fortschreitenden Erfahrung.

F. Ich kann gut nachvollziehen, dass man die Äußerlichkeiten außer Acht lassen und sich nach innen wenden soll. Doch kann man das Außenstehende tatsächlich außer Acht lassen, wenn man in der Welt lebt?

A. Ich weiß, dass es schwierig ist, dies den ganzen Tag durchzuhalten. Aber man sollte sich jeden Tag eine Zeitspanne für die Meditation reservieren. Das muss nicht den ganzen Tag dauern, auch nicht viele Stunden, aber jeden Tag, wenn auch nur für kurze Zeit. Es gibt zwei Zeiträume am Tag, die sich besonders gut für die Meditation eignen, auch in Bezug auf unsere innere Uhr: Es ist die Zeitspanne unmittelbar nach dem Morgengrauen und die Zeitspanne vor der Abenddämmerung. In unserem geschäftigen Leben mag es schwierig sein, zwei Mal am Tag zu sitzen. Es gibt aber zwei Tagesabschnitte, die fürs Zazen am besten geeignet sind: der Morgen und der Abend. Am Morgen ist unser Geist noch klar, weil wir noch nicht voll in die äußere Welt eingetaucht sind. Bei der Abenddämmerung senken sich die goldenen Strahlen über die Landschaft, und während wir sitzen, schwindet langsam das Licht, und mit ihm auch alle Formen. Anstatt daran zu denken, was am Tag passiert ist, oder sich Sorgen zu machen über das, was der nächste Tag mit sich bringen wird, sitzen wir ruhig und lassen den Geist mit der Dämmerung eins werden.

F. Das Fokussieren ohne Lücken kann uns vielleicht während eines *Sesshins* gelingen, aber wie sollen wir es in unserem Alltag schaffen?

A. Natürlich ist es schwierig, außerhalb von *Sesshins* einen offenen, wachen Geist beizubehalten. Wenn es einfach wäre, würden wir keine *Sesshins* benötigen. Dennoch sollten wir auch außerhalb der idealen Bedingungen eines *Sesshins* unser Bestes geben und mit der Übung fortfahren. Nur so können wir allmählich die Übung in den Alltag integrieren. Auch wenn wir die nahtlose Fokussierung im Arbeitstag nicht immer aufrecht erhalten können, sollten wir Zazen regelmäßig üben und Körper und Geist immer wieder ausrichten. Dies überträgt das Gewahrsein und die Aufmerksamkeit auf alle unsere Aktivitäten. Wenn es uns unmöglich ist, am frühen Morgen oder am Abend Zeit zum Sitzen zu finden, können wir auch am Tag eine Sitzperiode einschalten. Nur so erneuern wir fortdauernd die Energie und formen den geistigen Rahmen für unsere Praxis. Es hilft, wenn wir uns vorstellen, dass die Zeit, die uns im Leben bleibt, nur zum nächsten *Sanzen* (Besprechung mit dem Meister) reicht. Wie kann ich die Antwort auf die große Frage dem Meister vorbringen? Menschen funktionieren nicht nur auf der Basis von Theorien und abstrakten Konzepten. Erst wenn wir unmittelbar vor einer konkreten Situation stehen, können wir schlagartig reagieren. Ohne eine solche Situation werden wir nicht alles geben, wozu wir fähig sind. Dafür ist *Sanzen* da. Weil wir wissen, dass uns *Sanzen* bevorsteht, und wir das Bestmögliche daraus machen wollen, sind wir bei unserer Übung richtig motiviert und erhalten unsere Konzentration aufrecht. Und das sowohl während der Zazen-Sitzungen als auch außerhalb, trotz Schwierigkeiten und Ablenkungen.

F. Was bringt uns die Beschäftigung mit *Koans?*

A. *Koans* sind nur dann wichtig, wenn die Zeit dafür reif ist und wenn man in der Meditation schon geübt ist. Man will weitergehen und den Durchbruch zu einer tieferen Erfahrungsstufe schaffen. Um dies zu erreichen, braucht der Praktizierende ein Werkzeug, das seine Suche stimuliert. *Koans* haben die Energie, die uns helfen kann, das Gewirr in unserem Geist durchzuschneiden. Ohne sie wäre es vielleicht unmöglich. Wir alle haben ständig mit Einflüssen aus der Vergangenheit zu tun, mit vorgefassten Meinungen, die unser Leben bestimmen. Einmal müssen wir dem ganzen ein Ende setzen und die Schnur durchschneiden. Wir müssen unser kleines Ego auf die Seite schieben und unsere Konditionierung überwinden. *Koans* helfen uns dabei. *Koans* sind Herausforderungen und Antworten von früheren Meistern, die das Ego hinter sich gelassen und die Grenzen des kleinen Selbst gesprengt haben. Da die *Koan*-Aussagen tiefen Erfahrungen entspringen, kann man sie benutzen, um gleiche Erfahrungen in uns zu erwirken.

F. Ist ein Reifeprozess notwendig, damit sich der Geist öffnet? Oder kann die Öffnung auch ohne jegliche Reifung durch Zazen stattfinden?

A. Der Durchbruch hat nichts zu tun mit der Reifung von Zazen. Was notwendig ist, ist die volle Konzentration auf das, was wir gerade machen, eine Konzentration ohne Ablenkung. Wenn unser Zazen reift, wir aber weiterhin anderen Sachen frönen, wird es zu keinem Durchbruch kommen. Wenn wir Zazen üben und den äußeren Begebenheiten keine Aufmerksamkeit schenken, werden diese immer weniger wichtig. Unsere Bindungen werden nach und nach wegfallen, und unsere Konzentration wird sich vertiefen. Aber das Problem hier ist nicht Zazen. Was zählt ist die Vertiefung der unabgelenkten, ungeteilten Aufmerksamkeit.

F. Was ist für die Dharma-Schüler am wichtigsten?

A. Genau hier, genau jetzt.

SUTRAS

Herz-Sutra
(Maka Hannya Hara Mita Shin Gyo)

Das Herz-Sutra, übersetzt von Xuanzang (600?-664), ist der kürzeste Text aus der *Prajnaparamita*-Literatur des Mahayana. In seiner chinesischen Version besteht es aus nur 276 Schriftzeichen. Es ist eines der wichtigsten und beliebtesten Sutras des ostasiatischen Buddhismus und wird von beinahe allen Gläubigen der Mahayana-Schule rezitiert. Das Sutra spricht das wichtigste Anliegen der buddhistischen Mahayana-Lehre an. Es ist die Doktrin der *Sunyata* (Leere), die verkündet: „Form ist nicht anders als Leere, Leere ist nicht anders als Form.“

Das Herz-Sutra der großen Weisheit

Der Bodhisattva Avalokiteshvara, der tief in *Prajnaparamita* versunken ist, sieht deutlich, dass die fünf *Skandas* ihrem Wesen nach leer sind, und überwindet dadurch alles Leiden.

O Shariputra, Form ist Leere, Leere ist Form, Form ist nicht anders als Leere, Leere ist nicht anders als Form. Das, was Form ist, ist Leere, das, was Leere ist, ist Form.

Sinneswahrnehmungen, Gedanken, Vorstellungen und Bewusstsein sind ebenfalls leer. O Shariputra, alle Dinge sind durch Leere charakterisiert. Sie werden nicht erzeugt, sie werden nicht vernichtet, sie sind nicht unrein, sie sind nicht rein, sie wachsen nicht, sie nehmen nicht ab.

Deshalb, o Shariputra, gibt es in der Leere keine Form, keine Sinneswahrnehmung, keine Gedanken, keine Vorstellungen, kein Bewusstsein, kein Auge, kein Ohr, keine Nase, keine Zunge, keinen Körper, keinen Geist, keine Farbe, kein Geräusch, keinen Geschmack, keinen Geruch, keine Empfindung, keine Gedankeninhalte, keine Bereiche des Sehens, Hörens, Riechens, Schmeckens und Tastens sowie keine Bereiche des Bewusstseins. In der Leere gibt es kein Wissen, kein Nichtwissen; es gibt kein Alter und keinen Tod sowie kein Auslöschen von Alter und Tod; es gibt kein Leiden, keinen Ursprung von Leiden, keine Vernichtung von Leiden, keinen Weg zur Vernichtung von Leiden.

Im Geiste des Bodhisattva, der in *Prajnaparamita* verweilt, gibt es keine Hindernisse, und da er frei von Hindernissen ist, hat er keine Angst. Indem er die falschen Ansichten überwindet, weilt er im höchsten Nirvana.

Alle Buddhas der Vergangenheit, Gegenwart und Zukunft stützen sich auf *Prajnaparamita* und erfahren die höchste, vollkommene Erleuchtung. Deshalb wisse, dass das *Prajnaparamita* das große Mantra ist, das Mantra der großen Weisheit, das höchste Mantra, das Mantra ohne seinesgleichen. Es hat die Fähigkeit, alle Schmerzen zu überwinden. Das ist wahr, es ist nicht falsch. Dies ist das Mantra, das im *Prajnaparamita* verkündet wird; es lautet:

GYATE GYATE PARAGYATE PARASAMGYATE BODHI SVAHA! (Hinüber, hinüber, zum anderen Ufer hinübergegangen, am anderen Ufer angekommen. Höchste Weisheit, Svaha.)

MA KA HAN NYA HA RA MI TA SHIN GYO

KAN JI ZAI BO SA, GYO JIN HAN NYA HA RA MIT TA JI, SHO KEN GO ON KAI KU, DO IS SAI KU YAKU, SHA RI SHI, SHIKI FU I KU, KU FU I SHIKI, SHIKI SOKU ZE KU. KU SOKU ZE SHIKI, JU SO GYO SHIKI. YAKU BU NYO ZE, SHA RI SHI ZE SHO HO KU SO, FU SHO FU METSU, FU KU FU JO, FU ZO FU GEN, ZE KO KU CHU, MU SHIKI MU JU SO GYO SHIKI, MU GEN NI BI ZES SHIN NI, MU SHIKI SHO KO MI SOKU HO, MU GEN KAI , NAI SHI MU I SHIKI KAI, MU MU MYO YAKU MU MU MYO JIN, NAI SHI MU RO SHI YAKU MU RO SHI JIN, MU KU SHU METSU DO, MU CHI YAKU MU TOKU, I MU- SHO TOK KO, BO DAI SAT TA, E HAN NYA HA RA MITA KO, SHIN MU KEI GE, MU KEI GE KO MU U KU FU, ON RI IS SAI TEN DO MU SO, KU GYO NE HAN, SAN ZE SHO BUTSU E HAN NYA HA RA MI TA KO, TOKU A NOKU TA RA SAN MYAKU SAN BO DAI, KO CHI HAN NYA HA RA MI TA, ZE DAI JIN SHU, ZE DAI MYO SHU, ZE MU JO SHU, ZE MU TO DO SHU, NO JO IS SAI KU, SHIN JITSU FU KO, KO SETSU HAN NYA HA RA MI TA SHU, SOKU SETSU SHU WATSU, GYA TE GYA TE, HA RA SO GYA TEI, HARA SO GYA TEI, BO JI SOWA KA, HAN NYA SHIN GYO.

Das Dharani, das vor Unglück schützt
(Shosai Myokichijo Jinshu)

Dieses Dharani wurde im achten Jahrhundert vom buddhistischen Meister Amoghavajra (chin. Pukung, 705-774) übersetzt. Es soll von Buddha im *Jogoten* (dem vierten Dhyana-Himmel in der Welt der Formen, bevölkert von Wesen, die nie mehr in die Welt der Begierden zurückkehren) verkündet worden sein. Der Buddha propagierte es als ein Mittel zum Vermeiden von Unglück und zum Erlangen von Glück. – Da es ein Dharani ist, d. h. ein Text, dessen Kraft mehr im Klang der Worte als in ihrer Bedeutung liegt, wird es nicht übersetzt. Es wird in der sino-japanischen Aussprache rezitiert, was wiederum der Transkription des ursprünglichen Texts im Sanskrit entspricht.

SHO SAI SHU

NA MU SA MAN DA MO TO NAN O HARA CHI
KOTO SHA SO NO NAN TO JI TO EN
GYA GYA GYA KI GYA KI
U NUN SHI FU RA SHI FU RA
HA RA SHI FU RA HA RA SHI FU RA
CHI SHU SA CHI SHU SA
SHI SHU RI SHI SHU RI
SO HA JA SO HA JA
SE CHI GYA SHI RI EI
SO MO KO

Das Dharani der Großen Barmherzigkeit
(Daihi Enmon Bukai Jinshu oder Daihishu)

Das Dharani der großen Barmherzigkeit ist einer der am häufigsten rezitierten Texte im Zen-Kanon. Es wird bei der Morgenandacht, bei Ritualen für verstorbene Priester und Laien und anderen Anlässen rezitiert und umfasst den Dharani-Teil eines längeren Textes, des „Sutras der Dharani über den weiten, makellosen und unbehinderten Geist der großen Barmherzigkeit des tausendarmigen und tausendäugigen Bodhisattva Avalokiteshvara". Die Rezitation dient der Erweckung des Geistes der endlosen Barmherzigkeit. – Da es ein Dharani ist, d. h. ein Text, dessen Kraft mehr im Klang der Worte als in ihrer Bedeutung liegt, wird es nicht übersetzt. Es wird in der sino-japanischen Aussprache rezitiert, was wiederum der Transkription des ursprünglichen Texts im Sanskrit entspricht.

NA MU KA RA TAN NO

TO RA YA YA NA MU O RI YA BO RYO KI CHI
SHI FU RA YA FU JI SA TO BO YA MO KO SA TO BO
YA MO KO KYA RU NI KYA YA EN SA HA RA HA EI
SHU TA NO TON SHA NA MU SHI KI RI
TO I MO O RI YA BO RYO KI CHI SHI FU RA RI TO BO
NA MU NO RA KI JI KI RI MO KO HO DO SHA MI
SA BO O TO CHO SHU BEN O SHU IN
SA BO SA TO NO MO BO GYA MO HA TE CHO
TO JI TO EN O BO RYO KI RYO GYA CHI
KYA RA CHI I KI RI MO KO FU JI SA TO
SA BO SA BO MO RA MO RA
MO KI MO KI RI TO IN KU RYO KU RYO KE MO
TO RYO TO RYO HO JA YA CHI MO KO HO JA YA CHI
TO RA TO RA CHI RI NI SHI FU RA YA
SHA RO SHA RO MO MO HA MO RA HO CHI RI
YU KI YU KI SHIN NO SHIN NO O RA
SAN FU RA SHA RI HA ZA HA ZA
FU RA SHA YA KU RYO KU RYO MO RA
KU RYO KU RYO KI RI SHA RO SHAR RO
SHI RI SHI RI SU RYO SU RYO
FU JI YA FU JI YA FU DO YA FU DO YA
MI CHI RI YA NO RA KIN JI
CHI RI SHU NI NO HO YA MO NO SO MO KO
SHI DO YA SO MO KO MO KO SHI DO YA
SO MO KO SHI DO YU KI
SHI FU RA YA SO MO KO NA RA KIN JI SO MO KO
MO RA NO RA SO MO KO
SHI RA SUN O MO GYA YA SO MO KO
SO BO MO KO SHI DO YA
SO MO KO SHA KI RA O SHI DO YA
SO MO KO HO DO MO GYA SHI DO YA
SO MO KO NO RA KIN JI HA GYA RA YA
SO MO KO MO HO RI SHIN GYA RA YA
SO MO KO NA MU KA RA TAN NO TO RA YA YA
NA MU O RI YA BO RYO KI CHI SHI FU RA YA
SO MO KO SHI TE DO MO DO RA
HO DO YA SO MO KO

Hakuins Lied von der Meditation
(Hakuin Zenji Zazen Wasan)

„Das Lied von der Meditation“ wurde vom großen Zen-Meister Hakuin Ekaku (1686-1769) verfasst, der die japanische Rinzai-Schule wieder aufleben ließ. Zazen steht im Mittelpunkt der Zen-Tradition. Der meditative Geist soll uns jedoch nicht nur während der Sitzmeditation begleiten, sondern alle unsere Aktivitäten durchdringen, ganz gleich ob wir gehen, stehen, sitzen oder liegen. „Singend und tanzend“ sind wir die Stimme des Dharma – unser Körper ist der Körper des Buddha. Das „Lied von Zazen“ vermittelt diese Lehre auf eine einfache Art, die man sich leicht merken und leicht rezitieren kann. Somit ist es einer der Texte, der bei Predigten und Meditationen sowohl von Laien als auch von Priestern häufig rezitiert wird.

Hakuins Lied von der Meditation

Die Lebewesen sind im Grunde alle Buddhas. Es ist wie mit Eis und Wasser: Ohne Wasser gibt es kein Eis. Wo fänden wir Buddha außerhalb der Lebewesen?

Nicht wissend, wie nahe die Wahrheit ist, suchen wir sie in weiter Ferne. Wie schade! Wir gleichen jemandem, der mitten im Wasser steht und doch dürstend nach Wasser schreit; oder einem, der – aus reichem Hause stammend – unter den Armen umherirrt.

Der Grund, warum wir durch die sechs Welten wandern, ist der, dass wir in der Dunkelheit der Unwissenheit verloren sind. Uns weiter und weiter im Dunkeln verirrend – wann werden wir uns da von Geburt und Tod befreien können?

Was die Zazen-Praxis des Mahayana anbetrifft, gibt es nicht genug Worte, um sie ausreichend zu loben. Die Ausübung von Wohltätigkeit, der richtige Lebenswandel, die Anrufung von Buddhas Namen, Reue und viele andere verdienstvolle Taten sind im Zazen vereint. Selbst ein einziges Sitzen in reinem Zazen löscht die zahllosen Irrtümer der Vergangenheit aus. Wo sind dann die schlechten Wege, die uns irreführen? Das Reine Land ist zum Greifen nah!

Wer diese Wahrheit mit demütigem Herzen hört und sie auch nur ein Mal lobend und freudig ehrt, wird mit Sicherheit unendlichen Segen empfangen. Wenn wir uns nur darin konzentrieren und die Wahrheit bezeugen, dass das Wesen des Selbst Nicht-Selbst ist, haben wir wahrhaftig alles dumme Geschwätz überwunden. Das Tor der Einheit von Ursache und Wirkung ist offen, der Weg von Nicht-Zweiheit und Nicht-Dreiheit geht geradeaus.

Erkennend, dass Form Nicht-Form ist, sind wir, ob wir kommen oder gehen, immer an einem Ort. Erkennend, dass Form Nicht-Form ist, sind wir, ob wir singen oder tanzen, immer die Stimme des Dharma. Wie unendlich der klare Himmel von Samadhi! Wie vollkommen hell das Mondlicht der vierfachen Weisheit! Was brauchen wir in diesem Augenblick noch zu suchen, da sich Nirvana vor unseren Augen deutlich offenbart? Dieser Ort hier ist das reine Lotusland, dieser Körper hier ist der Körper Buddhas.

HAKUIN ZENJI ZAZEN WASAN

SHUJO HONRAI HOTOKE NARI
MIZU TO KORI NO GOTOKU NITE
MIZU O HANARETE KORI NAKU
SHUJO NO HOKA NI HOTOKE NASHI

SHUJO CHIKAKI O SHIRAZU SHITE
TOKU MOTOMURU HAKANASA YO
TATOEBA MIZU NO NAKA NI ITE
KATSU O SAKEBU GA GOTOKU NARI

CHOJA NO IE NO KO TO NARITE
HINRI NI MAYOU NI KOTONARAZU
ROKUSHU RINNE NO INNEN WA
ONORE GA GUCHI NO YAMIJI NARI

YAMIJI NI YAMIJI O FUMISOETE
ITSUKA SHOJI O HANARU BEKI
SORE MAKAEN NO ZENJO WA
SHOTAN SURU NI AMARI ARI

FUSE YA JIKAI NO SHOHARAMITSU
NENBUTSU ZANGE SHUGYO TO
SONO SHINA OKI SHOZENGYO
MINA KONO UCHI NI KISURU NARI

ICHIZA NO KO O NASU HITO MO
TSUMISHI MURYO NO TSUMI HOROBU
AKUSHU IZUKU NI ARINU BEKI
JODO SUNAWACHI TOKARAZU

KATAJIKENAKUMO KONO NORI O
HITOTABI MIMI NI FURURU TOKI
SANDAN ZUIKI SURU HITO WA
FUKU O URU KOTO KAGIRI NASHI

IWANYA MIZUKARA EKO SHITE
JIKI NI JISHO O SHO SUREBA
JISHO SUNAWACHI MUSHO NITE
SUDENI KERON O HANARETARI

INGA ICHINYO NO MON HIRAKE
MUNI MUSAN NO MICHI NAOSHI
MUSO NO SO O SO TO SHITE
YUKUMO KAERUMO YOSO NARAZU

MUNEN NO NEN O NEN TO SHITE
UTAU MO MAU MO NORI NO KOE
ZANMAI MUGE NO SORA HIROKU
SHICHI ENMYO NO TSUKI SAEN

KONO TOKI NANI O KA MOTOMU BEKI
JAKUMETSU GENZEN SURU YUE NI
TOSHO SUNAWACHI RENGEKOKU
KONO MI SUNAWACHI HOTOKE NARI

Das Kanzeon-Sutra für die Verlängerung des Lebens
(Enmei Jikku Kannongyo)

Das *Enmei Jikku Kannongyo* ist ein kurzer Text, der in der Rinzai-Schule oft rezitiert wird. Es war Hakuin, der ihn empfahl und als Auszug des *Gaowang Guanshiyin Jing* identifizierte; der wahre Ursprung des Textes ist jedoch unklar. Hakuin propagierte ihn als ein Mittel für die Verhinderung von Unglück und für die Verlängerung des Lebens, weil ein langes Leben für die tiefe Verwirklichung sehr wichtig ist, egal ob wir den Weg meditativer Praxis oder den der guten Taten einschlagen.

Das Kanzeon-Sutra für die Verlängerung des Lebens

Avalokiteshvara, Wahrnehmer der Hilfeschreie! Wir nehmen Zuflucht im Buddha! Buddha ist unsere Quelle, mit Buddha sind wir vereint. Vereint mit dem Buddha, dem Dharma, der Sangha, mit der Beständigkeit, der Freude, der Reinheit und dem Großen Geist. Am Morgen ist Kanzeon jeder unserer Gedanken; am Abend unser jeder Gedanke ist Kanzeon. Ein Gedanke folgt dem anderen. Ein Gedanke nach dem anderen ist eins mit dem Geist.

ENMEI JIKKU KANNONGYO

KAN ZE ON
NA MU BUTSU
YO BUTSU U IN
YO BUTSU U EN
BUP PO SO EN
JO RAKU GA JO
CHO NEN KAN ZE ON
BO NEN KAN ZE ON
NEN NEN JU SHIN KI
NEN NEN FU RI SHIN

Die vier Gelübde des Bodhisattva
(Shigu seigan)

Die vier Gelübde des Bodhisattva sind die wichtigsten Versprechen auf dem zen-buddhistischen Pfad. Sie bringen die Entschlossenheit des Bodhisattva zum Ausdruck, die Erleuchtung zum Zweck der Befreiung aller Lebewesen zu erlangen. Mit der Erleuchtung realisiert er, dass alle Dinge dem Wesen nach gleich sind; er erkennt, dass er, um sich selber zu befreien, die anderen Wesen befreien muss, dass die Befreiung der anderen und die eigene sich nicht unterscheiden. Darin liegt die Einheit vom Wissen und der Barmherzigkeit. Die vier Gelübde werden am Ende des Tagesablaufs und bei den Trauerfeiern für Verstorbene rezitiert.

Die vier Gelübde

Die Lebewesen sind zahllos,
ich gelobe, sie alle zur Befreiung zu führen.

Die Begierden sind unerschöpflich,
ich gelobe, sie alle zu überwinden.

Die Dharma-Lehren sind unermesslich zahlreich,
ich gelobe, sie alle zu meistern.

Buddhas Weg ist unendlich,
ich gelobe, ihn zu gehen.

SHIGUSEIGAN

SHU JO MU HEN SEI GAN DO
BON NO MU JIN SEI GAN DAN
HO MON MU RYO SEI GAN GAKU
BUTSU DO MU JO SEI GAN JO

Die Fünf Überlegungen (Shokuji Gokanmon)

Vor den Mahlzeiten rezitieren die Mönche und Nonnen in den Zen-Klöstern das Herz-Sutra, gefolgt von einigen Gesängen, welche das Gefühl der Dankbarkeit und die Vertiefung des Wissens über die wahre Bedeutung der Nahrung im spirituellen Leben fördern. Einer der wichtigsten dieser Gesänge ist *Die fünf Überlegungen.* Die fünf Überlegungen verlangen von den Mönchen und Nonnen, dass sie sich auf diejenigen besinnen, die ihnen das Essen besorgt haben. Auch sollen sie darüber nachdenken, ob ihre spirituellen Anstrengungen der Nahrung würdig sind, und nicht vergessen, dass sie Nahrung zu sich nehmen, um gesund zu bleiben und mit der Übung fortfahren zu können.

Die fünf Überlegungen

Erstens, lasst uns daran denken, woher diese Speise kommt und wie viel Arbeit damit verbunden ist.

Zweitens, lasst uns so leben, dass wir der Speise würdig sind.

Drittens, das Allerwichtigste ist die Praxis der Achtsamkeit, die uns Gier, Zorn und Täuschung überwinden lässt.

Viertens, wir würdigen diese Speise, die unseren Körper und Geist gesund hält.

Fünftens, wir nehmen diese Speise auf, um die Befreiung aller Lebewesen zu vollenden.

SHOKUJI GOKANMON

1. HITOTSU NIWA KOH NO TASHO O HAKARI, KA NO RAISHO O HAKARU.
2. FUTATSU NIWA ONORE GA TOKUGYO NO ZENKETSU O HAKATTE, KU NI OZU.
3. MITTSU NIWA SHIN O FUSEGI, TOGA TONTO O HANARURU O SHU TO SU.
4. YOTTSU NIWA MASA NI RYOYAKU WO KOTO TO SURU WA GYOKO WO RYOZEN GA TAME NARI.
5. ITSUTSU NIWA DOGYO WO JOZEN GA TAME NI MASA NI KONO JIKI WO UKUBESHI.